as coisas

ARNALDO ANTUNES

as coisas

ilustrado por
ROSA MOREAU ANTUNES

ILUMINURAS

Capa
Arnaldo Antunes e Zaba Moreau

Ilustrações
Rosa Moreau Antunes

Revisão
Ana Luiza Couto

O texto “perfil” (p. 39)
tem coautoria de Nando Reis

Este livro segue as novas regras do Acordo Ortográfico da Língua Portuguesa.

Dados Internacionais de Catalogação na Publicação (CIP)
(Câmara Brasileira do Livro, SP, Brasil)

Antunes, Arnaldo
As coisas / Arnaldo Antunes ; ilustrado por
Rosa Moreau Antunes. — [1ª edição – 16. reimpressão] — São Paulo :
Iluminuras, 2019.

ISBN 85-85219-63-7

I. Poesia brasileira I. Antunes, Rosa Moreau.
III. Título.

06-1984 CDD-869.91

Índice para catálogo sistemático:

1. Poesia : Literatura brasileira 869.91

2024
ILUMINURAS
desde 1987

EDITORA ILUMINURAS LTDA.
Rua Salvador Corrêa, 119 | Aclimação | 04109-070 | São Paulo/SP | Brasil
Telefone: 55 11 3031-6161
iluminuras@iluminuras.com.br
www.iluminuras.com.br

as coisas

para Rosa e Celeste

Todos eles traziam sacolas, que pareciam muito pesadas. Amarraram bem seus cavalos e um deles adiantou-se em direção a uma rocha e gritou: "Abre-te, cérebro!"

As pedras são muito mais lentas do que os animais. As plantas exalam mais cheiro quando a chuva cai. As andorinhas quando chega o inverno voam até o verão. Os pombos gostam de milho e de migalhas de pão. As chuvas vêm da água que o sol evapora. Os homens quando vêm de longe trazem malas. Os peixes quando nadam juntos formam um cardume. As larvas viram borboletas dentro dos casulos. Os dedos dos pés evitam que se caia. Os sábios ficam em silêncio quando os outros falam. As máquinas de fazer nada não estão quebradas. Os rabos dos macacos servem como braços. Os rabos dos cachorros servem como risos. As vacas comem duas vezes a mesma comida. As páginas foram escritas para serem lidas. As árvores podem viver mais tempo que as pessoas. Os elefantes e golfinhos têm boa memória. Palavras podem ser usadas de muitas maneiras. Os fósforos só podem ser usados uma vez. Os vidros quando estão bem limpos quase não se vê. Chicletes são pra mastigar mas não para engolir. Os dromedários têm uma corcova e os camelos duas. As meia-noites duram menos do que os meio-dias. As tartarugas nascem em ovos mas não são aves. As baleias vivem na água mas não são peixes. Os dentes quando a gente escova ficam brancos. Cabelos quando ficam velhos ficam brancos. As músicas dos índios fazem cair chuva. Os corpos dos mortos enterrados adubam a terra. Os carros fazem muitas curvas pra subir a serra. Crianças gostam de fazer perguntas sobre tudo. Nem todas as respostas cabem num adulto.

O mar está sempre em movimento para não sair do lugar. Se o mar saísse do lugar teriam que mudar os mapas. Se o mar ficasse parado ele escorreria para cima das cidades e apagaria os vulcões. A água sobe quando o sol a evapora. O sal da água do mar não evapora. Quando chove sobre o mar a água recupera o sal que havia deixado ali com o resto das águas. Há tanta água na água quanto a água evaporada que há no ar. Há tanta água salgada como lágrima dentro do mar. Quando a água doce do rio chega ela deixa de ser doce porque o mar é maior. E quando requebra na praia é bonito. E tem gente que morre de sede no meio do mar.

As cores acabam azuis. Quando as lâmpadas ainda não foram acesas e a nuvem da noite vem cobrindo as folhas lenta, do mar até a serra. A fumaça desfoca os objetos que não se movem. A luz bate na pele das coisas gerando essa camada membrana película chamada cor. Saliva sobre a língua. Às vezes elas parecem vir de dentro das coisas: As cores dos lápis de cores. Linguagem. Para que haja vermelho é preciso muito branco. As cores se transformam quando se encostam. Laranja, rosa, cor-de-laranja, cor-de-rosa. Amanhecer. As cores costumam arder antes de esmaecer. Quando esfriam, o espaço entre elas e as coisas diminui. E borram quando transbordam. Os verdes maduram cedo. As luzes apagam preto. As cores começam azuis, dentro dos casulos brancos. Flores para elas.

Um campo tem terra. E coisas plantadas nela. A terra pode ser chamada de chão. E tudo que se vê se o campo for um campo de visão.

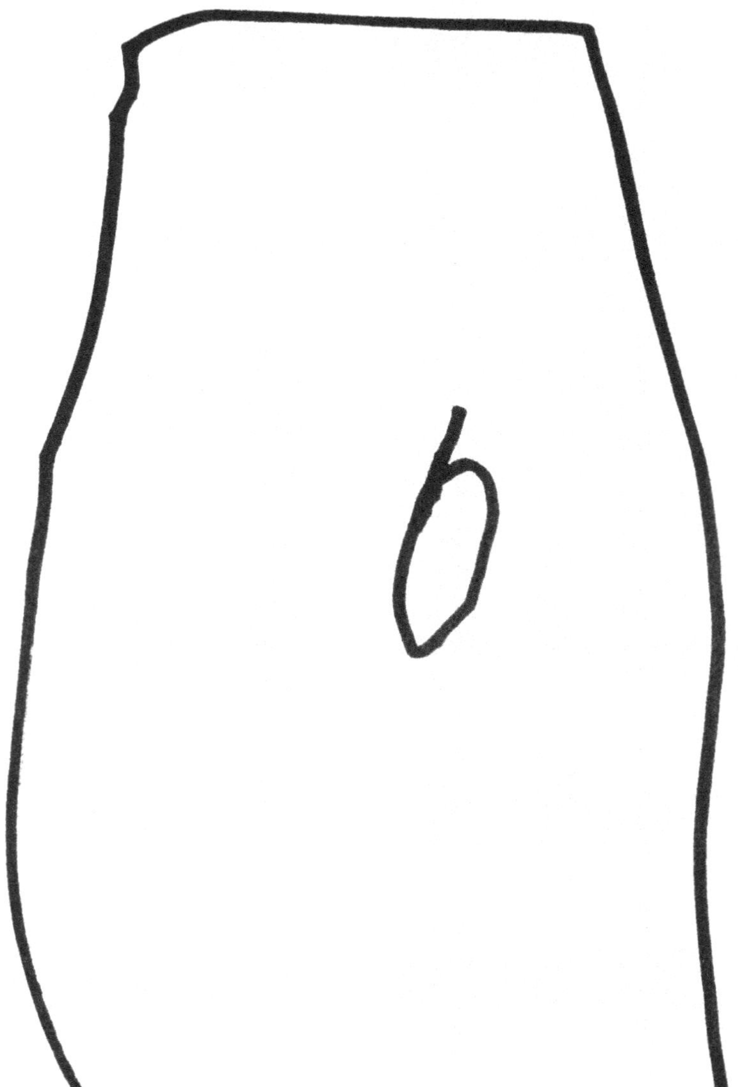

Para passar de um lugar a outro existem as portas. Em geral são de madeira, mas às vezes não. De ferro em geral são os portões, mas às vezes de madeira. Portões de madeira chamam-se porteiras. Para sair de um lugar entrando em outro, como nos partos, as portas existem. As moscas pousam nelas. Os meios de transporte chegam ou vão embora. As portas são meios de transporte que ficam no mesmo lugar. Em geral brancas, como as paredes são geralmente. Movem-se mas ficam no mesmo lugar, como o mar. As moscas pousam nelas, depois voam. Voam, depois pousam nelas. As paredes ficam paradas. Aranhas fazem teias nelas. Não nas portas, que têm dois lados; nas paredes, que têm só um lado, ou outro. Os olhos pousam nelas.

O corpo existe e pode ser pego. É suficientemente opaco para que se possa vê-lo. Se ficar olhando anos você pode ver crescer o cabelo. O corpo existe porque foi feito. Por isso tem um buraco no meio. O corpo existe, dado que exala cheiro. E em cada extremidade existe um dedo. O corpo se cortado espirra um líquido vermelho. O corpo tem alguém como recheio.

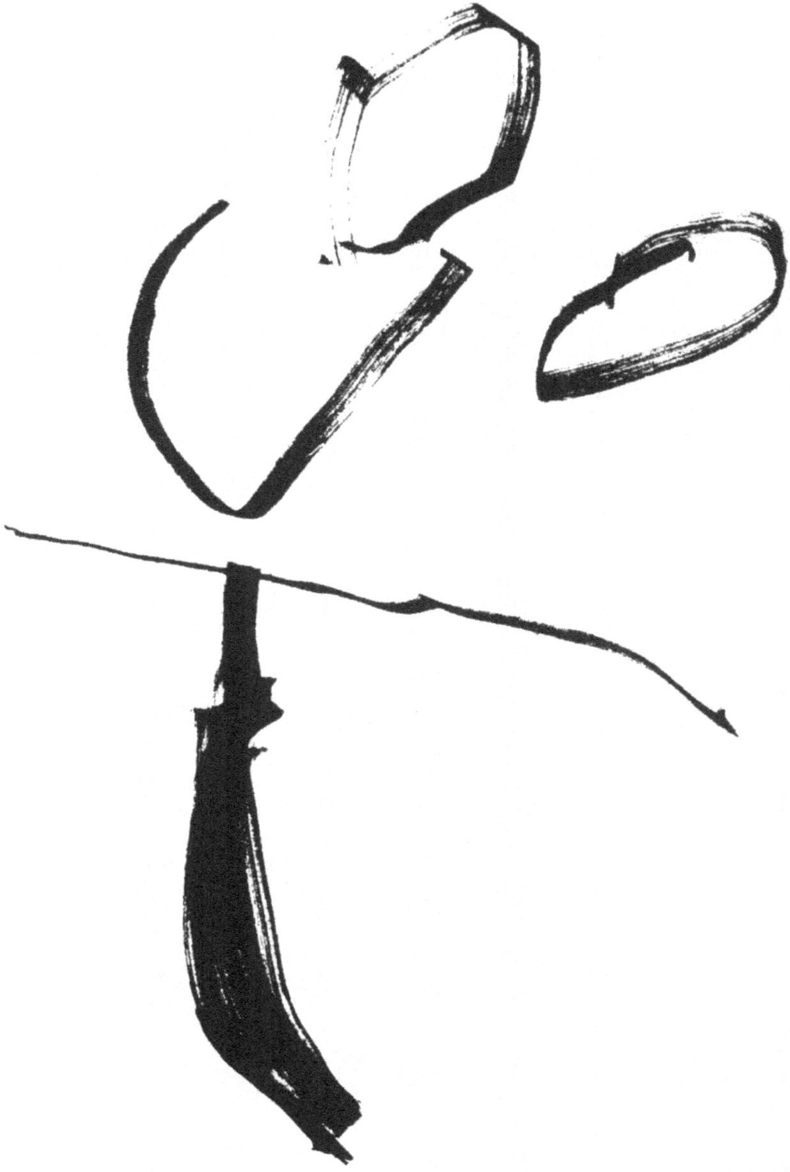

Todas as coisas do mundo não cabem numa ideia. Mas tudo cabe numa palavra, nesta palavra tudo.

A luz lambe as folhas. A luz lambe a parte externa das coisas. Quando a luz lambe as coisas aparecem. As folhas se parecem. Os olhos piscam quando os flashes flecham. Os zooms fecham em close. Pessoas fazem pose. A luz lambe lambe. Pessoas se lambem no escuro. Lembra lembra. A sombra as desmembra. A lua alumbra com luz alheia. O fogo treme. As coisas tremem antes de entrar em foco. As folhas tremem quando venta. O filme treme na tela. Pessoas tremem de frio. Somem na treva. As folhas caem, as fotos traem, paredes têm ouvidos. As janelas, vidros. Quando amanhece para de chover, como deve ser. O dia vem com o sol.

Neto e neta são netos, no masculino. Filho e filha são filhos, no masculino. Pai e mãe são pais, no masculino. Avô e avó são avós.

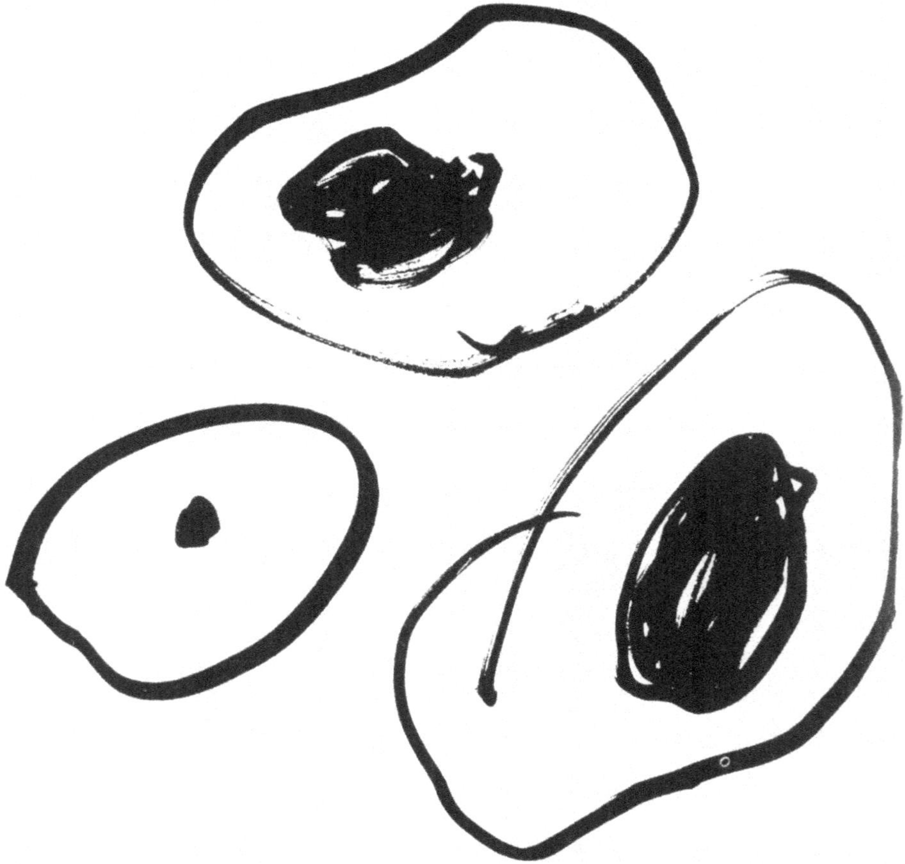

Mulheres têm dois peitos. Os homens têm um peito só.

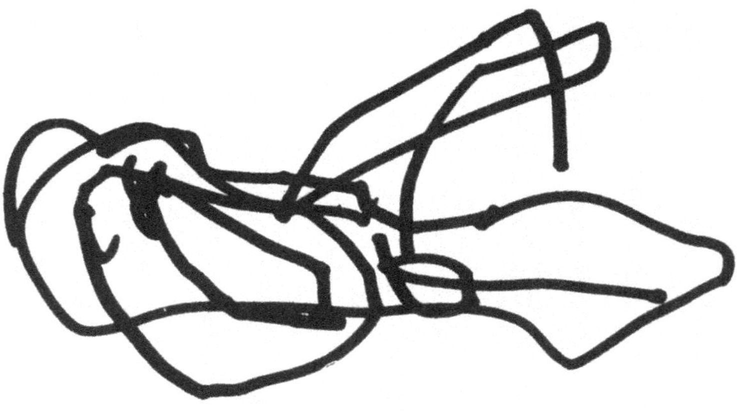

A mosca é tão pequena, menor que uma moeda, e tem milhares de células. A célula da mosca é tão pequena, menor que a mosca. E tem milhares de moscas.

As árvores são fáceis de achar. Ficam plantadas no chão. Mamam do sol pelas folhas e pela terra bebem água. Cantam no vento e recebem a chuva de galhos abertos. Há as que dão frutas e as que dão frutos. As de copa larga e as que habitam esquilos. As que chovem depois da chuva, as cabeludas. As mais jovens; mudas. As árvores ficam paradas. Uma a uma enfileiradas na alameda. Crescem para cima, como as pessoas. Mas nunca se deitam. O céu aceitam. Crescem como as pessoas, mas não são soltas nos passos. São maiores mas ocupam menos espaço.

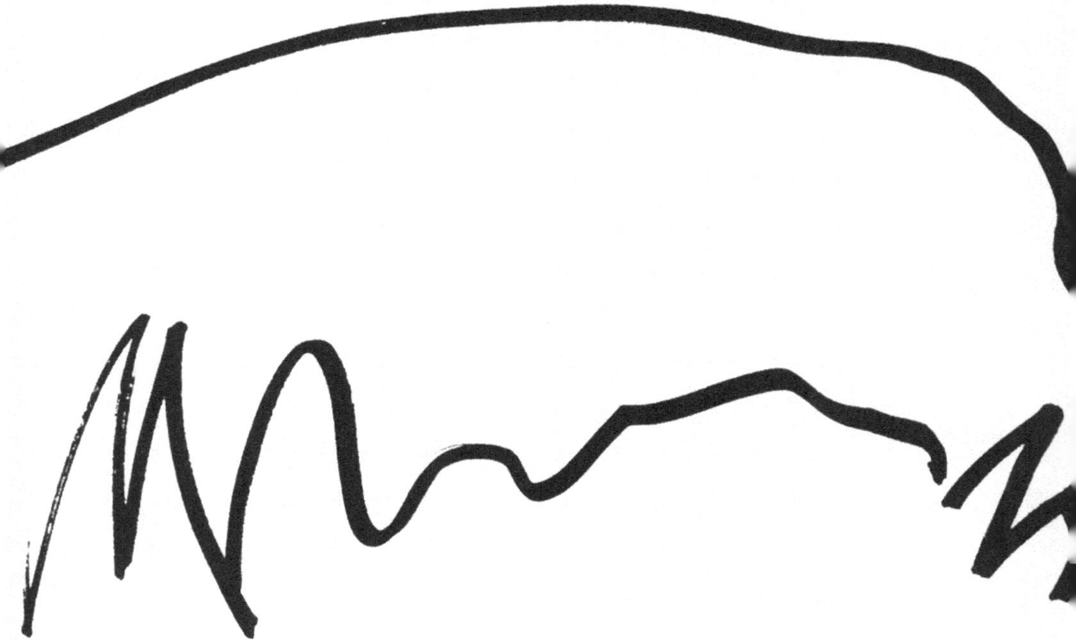

A ponte é aonde cho-ve o rio embaixo dela.

Perfil é um fio. Perfil é o fim do objeto. O horizonte está deitado. O fim é o que está completo. Perfil é o que está de lado. O horizonte está distante. O fim fica em frente. Perfil é o que está rente. O horizonte fica adiante. Ali onde o céu se dobra. A água do mar transborda. O fim é o que não retorna. Perfil é o que contorna. Perfil é vazio. O fim é o que se transforma. Enfim é o fim agora. Perfil é o que encosta. O horizonte é uma crosta. A terra é uma bandeja. Ali onde o mar despeja. Perfil é um seio. O horizonte está no meio. O fim está perto. A casa acaba no teto. O filho acaba no neto. O fim é um feto. O horizonte é o fim da terra. Ali onde o céu encerra. Perfil é um rosto. O sol está posto.

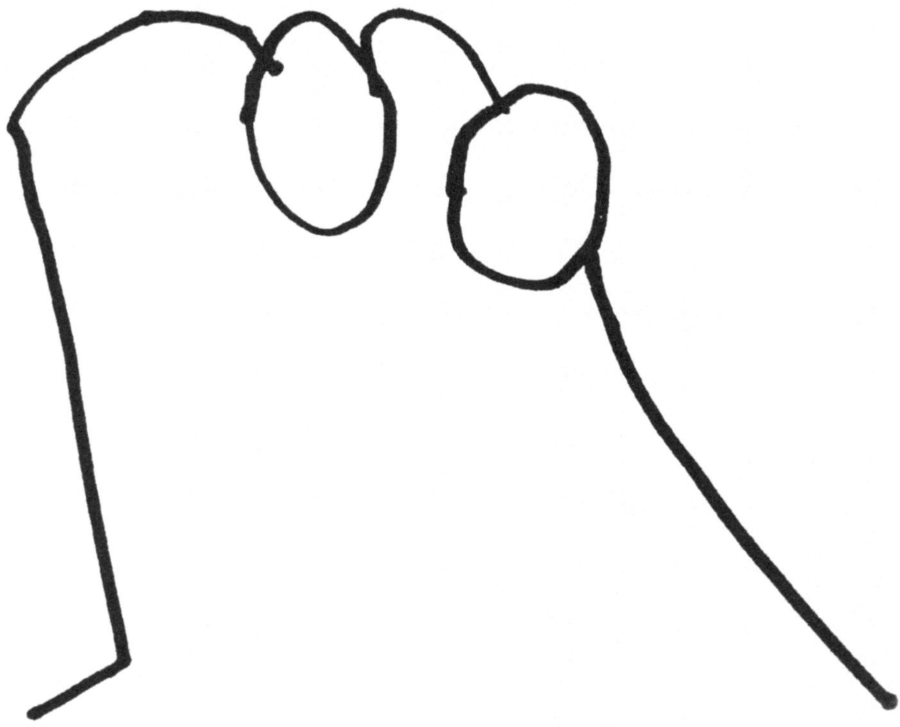

O vidro quebra mas não derrete. O plástico derrete mas não quebra. Assim são os óculos. Estrutura plástica para lentes de vidro. O espelho mostra, o vidro deixa ver. Assim são os vidros. O mármore é usado nos túmulos. A madeira polida não solta farpas. As bolhas quando estouram não deixam cacos. O vidro não apodrece, nem na umidade, nem debaixo da terra. Depois de anos enterrados os mortos míopes, sobram apenas os ossos e os óculos. E quando não restarem mais os ossos ainda estarão intactos os óculos. Se o vidro for negro os olhos desaparecem. Assim são os óculos escuros. Mostram mas não deixam ver. O ferro cromado não enferruja. O vidro da janela retém a chuva mas deixa passar as cenas. A água parada espelha como a prata. Assim é a água. Se houver luz de um só lado o vidro espelha, como a água parada. A prata depois de anos preteja. Assim é a prata. A pedra quando afunda turva a água. Assim é a perda.

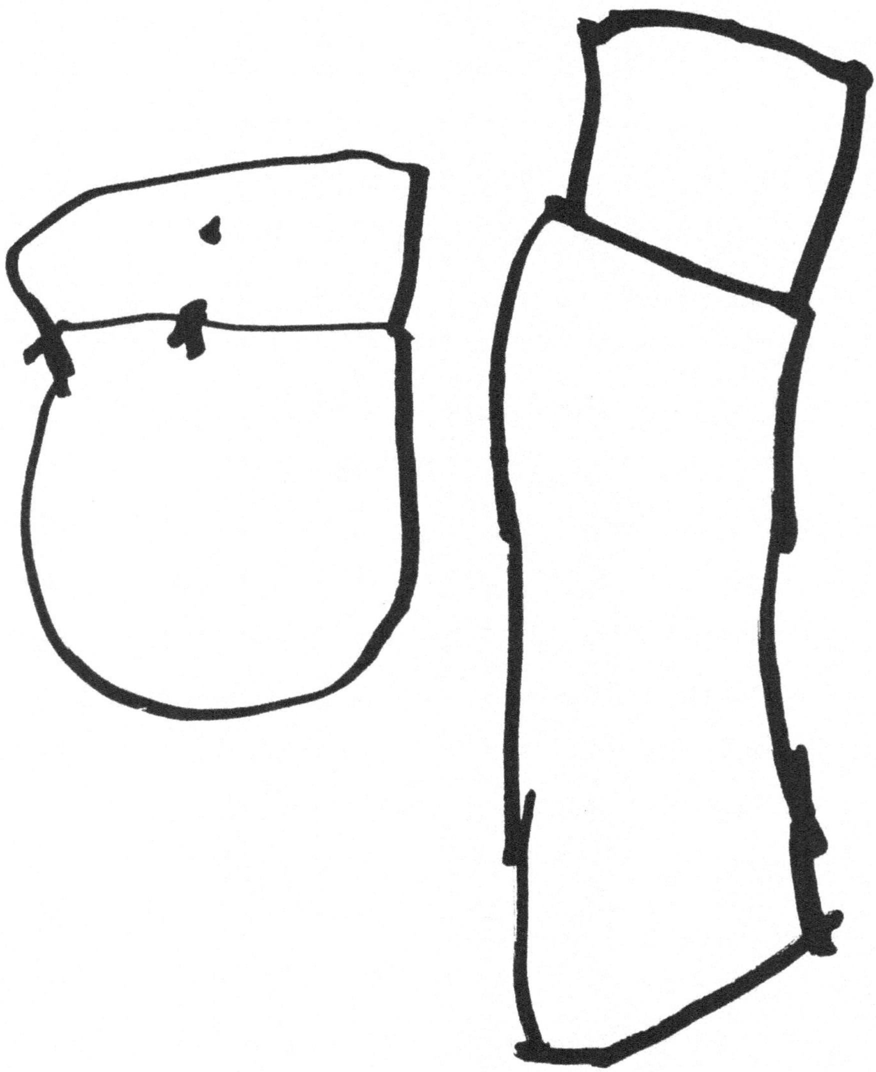

Cama deitar, cadeira sentar. Camisa braço, calça perna. Teto parede chão. Porta janela. Leite branco, café preto, manteiga pão. Prato comer, copo beber. Carro ir, carro vir. Orelha entrar, boca sair. Gesto mão braço, perna pé passo. Luz encima, cena embaixo. De noite lã, sol de manhã. Direito certo, ok perfeito. Pau esperma, leite peito. Cadeira assento, cama leito. Um por si, cem por cento.

Eu coberto de pele coberta de pano coberto de ar e debaixo de meu pé cimento e debaixo do cimento terra e sob a terra petróleo correndo e o lento apagamento do sol por cima de tudo e depois do sol outras estrelas se apagando mais rapidamente que a chegada de sua luz até aqui.

A chuva derrubou as pontes. A chuva transbordou os rios. A chuva molhou os transeuntes. A chuva encharcou as praças. A chuva enferrujou as máquinas. A chuva enfureceu as marés. A chuva e seu cheiro de terra. A chuva com sua cabeleira. A chuva esburacou as pedras. A chuva alagou a favela. A chuva de canivetes. A chuva enxugou a sede. A chuva anoiteceu de tarde. A chuva e seu brilho prateado. A chuva de retas paralelas sobre a terra curva. A chuva destroçou os guarda-chuvas. A chuva durou muitos dias. A chuva apagou o incêndio. A chuva caiu. A chuva derramou-se. A chuva murmurou meu nome. A chuva ligou o para-brisa. A chuva acendeu os faróis. A chuva tocou a sirene. A chuva com a sua crina. A chuva encheu a piscina. A chuva com as gotas grossas. A chuva de pingos pretos. A chuva açoitando as plantas. A chuva senhora da lama. A chuva sem pena. A chuva apenas. A chuva empenou os móveis. A chuva amarelou os livros. A chuva corroeu as cercas. A chuva e seu baque seco. A chuva e seu ruído de vidro. A chuva inchou o brejo. A chuva pingou pelo teto. A chuva multiplicando insetos. A chuva sobre os varais. A chuva derrubando raios. A chuva acabou a luz. A chuva molhou os cigarros. A chuva mijou no telhado. A chuva regou o gramado. A chuva arrepiou os poros. A chuva fez muitas poças. A chuva secou ao sol.

em cima de cima assim e acima sobre do
alto e de alto a baixo debaixo ao lado atrás
e de lado a lado detrás e sob acolá e além
de ali depois pelo centro entre de fora
dentro na frente e já de agora em frente e
daqui defronte através e rente no fundo
no fundo no fundo em pé de repente perto
envolvido em torno envolvendo em volta
e por volta de e também no meio na mosca
no alvo na hora fora daqui mas a poucos
pés pouco a pouco aos pés através atrás de
viés e em e ainda mais e no fundo no fun-
do no fundo e ante e antes de então e então
durante e enquanto aqui por enquanto
adiante avante acerca e portanto ao largo
ao redor e lá e nos arredores nos cantos cá
de passagem logo tangente longe distan-
te e onde no mundo no mundo no mundo

O girino é o peixinho do sapo. O silêncio é o começo do papo. O bigode é a antena do gato. O cavalo é pasto do carrapato. O cabrito é o cordeiro da cabra. O pescoço é a barriga da cobra. O leitão é um porquinho mais novo. A galinha é um pouquinho do ovo. O desejo é o começo do corpo. Engordar é a tarefa do porco. A cegonha é a girafa do ganso. O cachorro é um lobo mais manso. O escuro é a metade da zebra. As raízes são as veias da seiva. O camelo é um cavalo sem sede. Tartaruga por dentro é parede. O potrinho é o bezerro da égua. A batalha é o começo da trégua. Papagaio é um dragão miniatura. Bactérias num meio é cultura.

O céu. Fica em cima. O céu fica encima do chão. De dentro do avião o céu fica em volta, o céu. Do chão não passa. Além do campo gravitacional da terra passa a ser o espaço. O céu. Está desde o início do começo do princípio. O céu continua. Em cima do céu há mais céu. E depois do céu do céu há mais céu. E depois de depois do céu do céu nenhum planeta, nenhum cometa, nenhum meteorito. Só céu e céu e céu sem fim nem infinito.

O tem-
po todo
o tempo
passa.

Há muitas e muito poucas palavras. Por exemplo: pegamos um corpo. Se continuarmos a linha que sai do lado de fora de um dos pés (isto é, do ponto de vista do próprio corpo: o lado direito do pé direito ou o lado esquerdo do esquerdo) e vai pelo chão até o outro pé, teremos a palavra planeta, que inclui o corpo. Incluídos nesse corpo temos membros. Entre os membros pernas. Dentro das pernas pés. Nos pés dedos e nos dedos unhas. Mas se dissermos unhas podem ser das mãos. Se estiverem riscando um muro diremos atrito. Então podemos estar falando de fósforos, ou de pneus. De sexo, discussões ou condutores elétricos. Assim: Mesa e cadeira são duas palavras. Móveis é uma palavra só — Coisas que se movem. Mas não há palavra para dizer dois corpos encostados, ou uma mão segurando um punhado de terra ou duas mãos dadas com um tanto de terra entre elas; como há, por exemplo, a palavra jardim para designar o conjunto de terra e plantas; ou a palavra planta para expressar a soma da parte dessa parte do jardim que fica acima e da parte que fica abaixo da terra. Com raiz bulbo folha talo ramo galho tronco fruto flor pistilo pólen dentro. Mas se não quisermos dizer planta podemos dizer pé. E a sola do pé chamaremos de planta. Sobre o solo. Assim como dizemos planta para o pé diremos palma. Para a mão. Folha da palmeira. E se não quisermos dizer planeta podemos dizer terra. Ou isso. Mas se ele não estiver por perto não podemos chamá-lo de isso.

Dentro da bo-
ca é es-
curo.

Um cigarro dura menos do que uma estrela. O cigarro apaga. A estrela apaga. O fogo não tem fim. Um cigarro vem depois de outro cigarro. Uma estrela fica ao lado de outra estrela. O cigarro apaga, a estrela apaga. O fogo não tem fim.

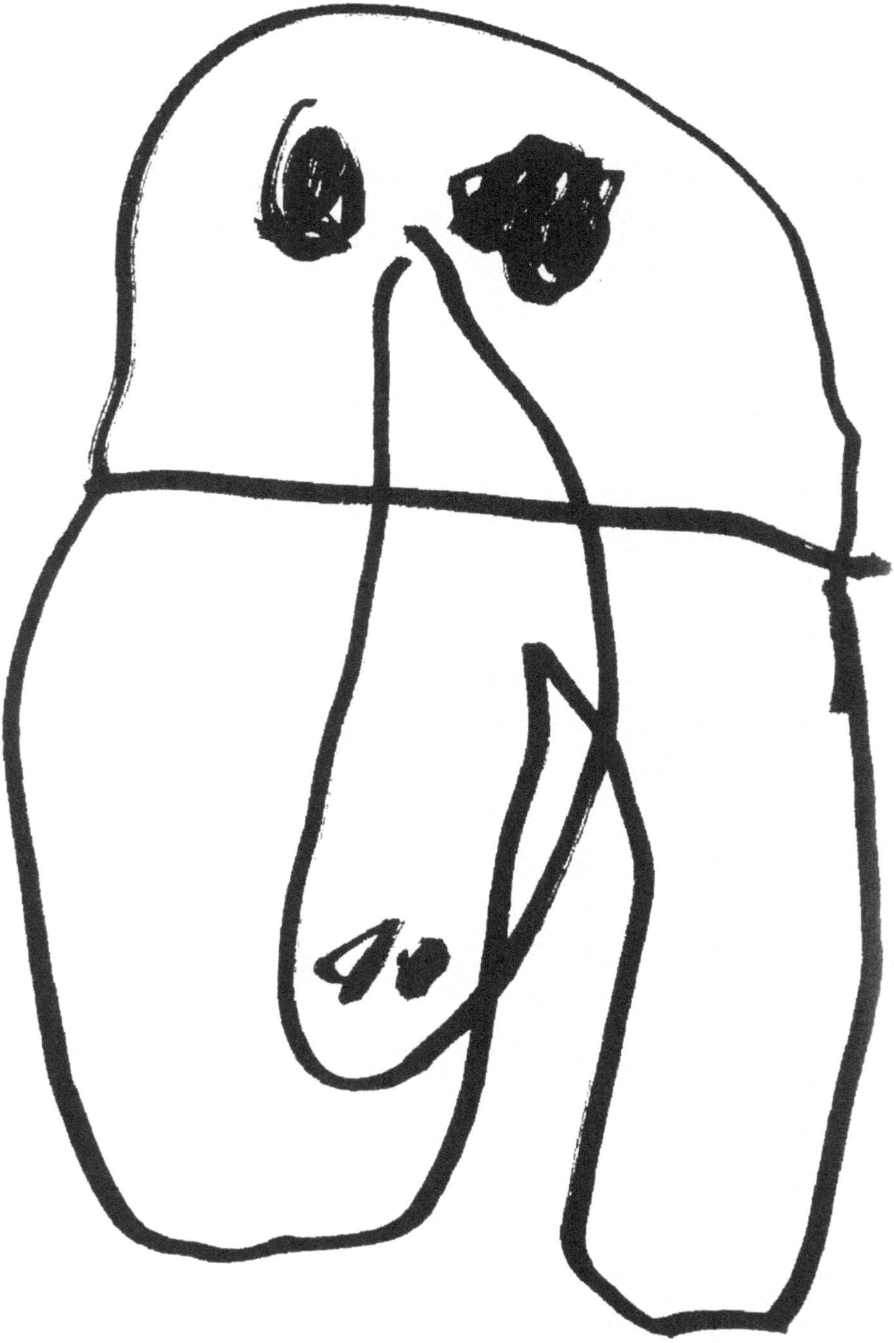

Tromba o elefante é o único animal que tem. Língua quase todos, rabo também. Casco a tartaruga e o cavalo têm. Mancha os cachorros, os gatos, os animais malhados. Também há pássaros e peixes manchados. No ar, no mar e nos prados. Bico as aves e outros que bicam. Pintas a onça e o homem. Fome todos eles têm. Mais do que dois olhos ninguém. Fogo a enguia o dragão e a taturana. Transparência a água-viva e o grilo sobre a grama. Saco o boi teve. Vaca não tinha. Cloaca a cobra, o cágado, a galinha. Quatro patas o hipopótamo e o camelo e o leão e o urso e o canguru têm pelo. Oito patas a aranha e a centopeia cem. A égua, a mulher, a cadela trompa têm. Mas tromba o elefante é o único afinal que têm.

A água é água quando não evapora nem congela. A água lava. A água apaga o fogo. O gelo queima. A água passa entre os dedos. O rio deságua. A água afaga o seixo. A água afoga o que não boia afunda o que não nada. A água do banho vai pro ralo e pra toalha. O ar não se molha na água. O ar vira água quando orvalha. O rio corre. A água escorre. A água da torneira tem cloro. O fogo vem do fósforo. O calor do chuveiro vem da catarata.

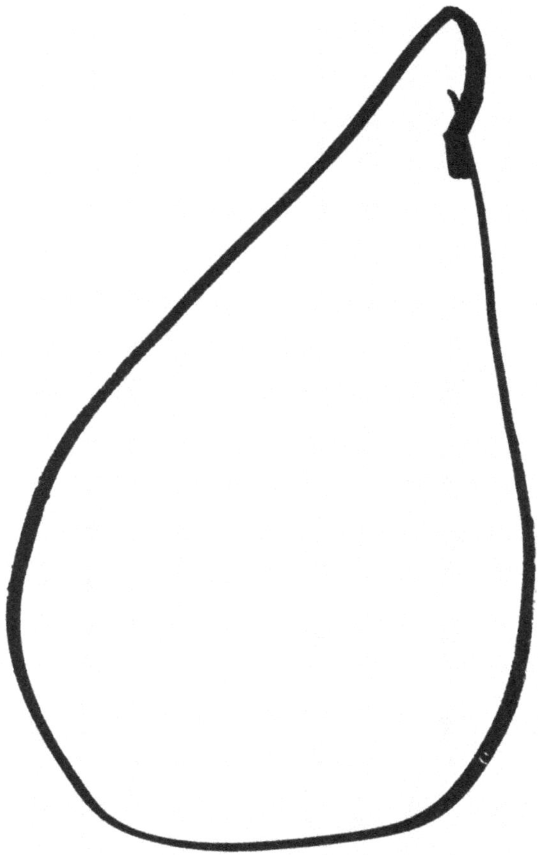

A água
molha
porque
não sabe
cuspir.

Passarinho é só escutar não precisa conversar como São Francisco nem atirar de estilingue com pontaria infalível. Passarinho não precisa dar de mamar. Passarinho é só escutar não precisa pôr na gaiola não precisa pôr na vitrola pra cantar. Não precisa bater do lado de fora da casca para o ovo se quebrar. Passarinho é só escutar furar o ar, com pontaria infalível.

A montanha se ergue acima do chão, sendo o chão. Quando o sol se põe, estende a sua sombra sobre a terra, sendo a terra. A seus pés o horizonte se antecipa. De seu cume o horizonte vai mais longe. A montanha cabe exatamente em seu tamanho, sendo seu tamanho. Tão imóvel que o tempo ali fica mais lento. Seu cume é o cúmulo da terra, onde a nuvem se esconde. Onde a voz que grita se responde. Onde diminui o que é grande. Onde a chuva e a neve chegam antes. Onde o espaço se espaça. De onde a águia alça voo atrás da caça. Quanto mais alta a montanha, mais cedo a seus pés o sol se põe; mais forte em sua encosta o vento venta; de seu cume mais imensa é a imensidão. A montanha é do tamanho de um vulcão, sem a cratera. Menor que o céu; menor que a serra.

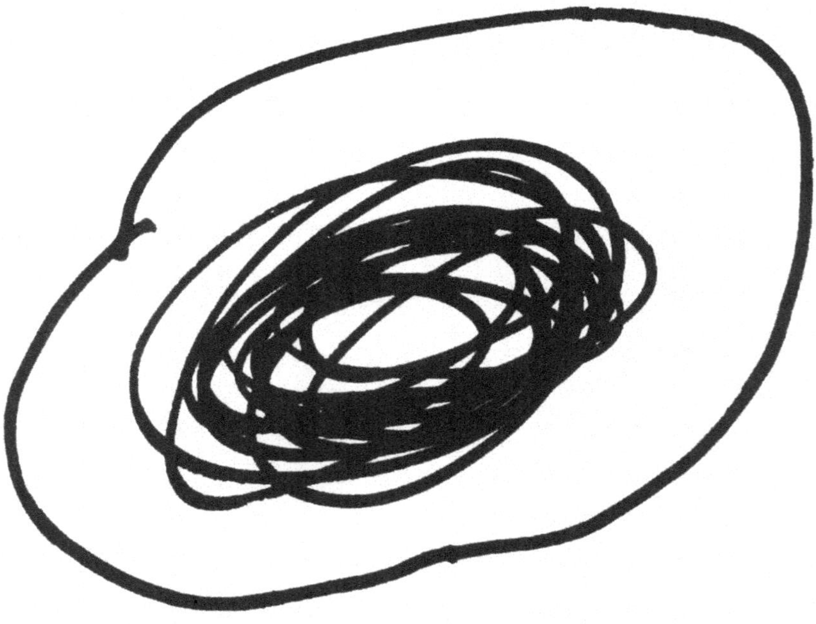

A luz ne-
gra deixa
o branco
mais bran-
co.

A vista daqui é linda. Ainda. Que não seja. Linda para outra. Vista que a. Avista. Daqui é linda. Se não for vista a vista. Daqui ainda é. Linda. Ainda que não seja. Vista ainda. Que não se veja. Talvez assim seja. Mais linda. Ainda.

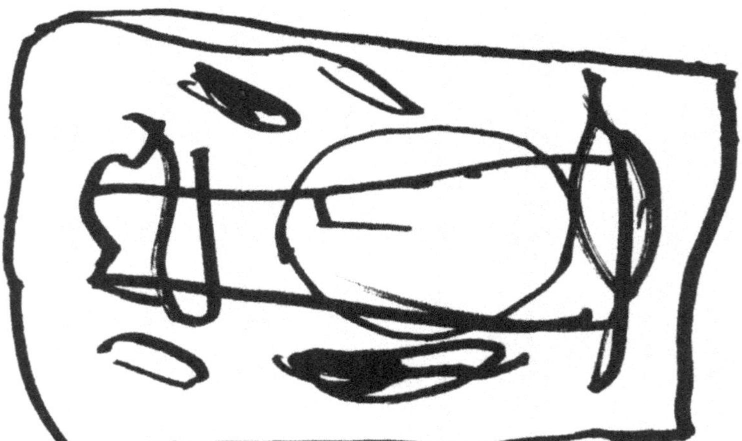

Dinheiro é um pedaço de papel. O céu é um. O céu na foto é um pedaço de papel. Pega fogo fácil. Depois de queimar dinheiro vai pro céu como fumaça. Também é fácil rasgar, como as cartas e fotografias. Aí não se usa mais. Pode até remendar com durex, mas não é todo mundo que aceita. O que não se quer melhor não comprar. O que não se quer mais melhor jogar fora do que guardar em casa. Dinheiro tem valor quando se gasta. Um pedaço de papel é um pedaço de papel. Dinheiro não se leva para o céu.

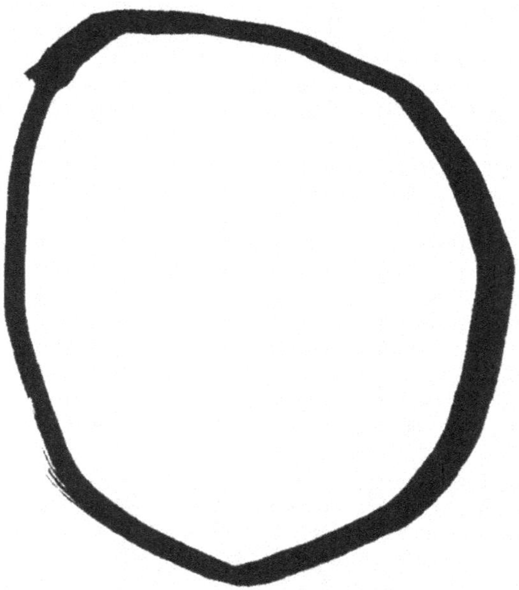

Se perde se não se ganha se pede se não se ganha se perde se não se acha procura se não se acha se perde se não segura se prende se não segura se perde se não se ganha se pede.

Quando vem um vento forte elas voam como aves, as folhas de papel, como as folhas das árvores. Para longe, onde não sejam lidas mais. Antes estavam uma após outra, 3,4, 5, na ordem. Agora soltas 9 agora entre 55 outras 13 folhas voadas 20 de outras 43 mesas agora 18 as letras 7 soltas agora sobre a 10 grama 62 da praça. Os pontos e as vírgulas espalhados como grãos de areia sobre a praia. Agora pousadas nas calçadas, de cara para a sola dos sapatos, nas poças, agora estão livres; as palavras.

O sol vai embora de noite e volta quando a noite vai embora e vai embora quando a noite volta e dá a volta durante todo o dia atrás da noite de ontem.

Parecem rochas mas são ninhos de cupins. Parecem frutos mas são colmeias. Parecem nuvens mas são enxames. Parecem longe mas são pequenos. Parecem mortos mas estão quietos. Parecem terra mas estão vivos. Parecem letras nos livros. Parecem inofensivos. Parecem grandes mas estão perto. Parecem lerdos mas estão quietos. Parecem ser mas são incertos.

O inverno é eterno no polo norte. Os dias dilatam no verão. A água gira em sentido anti-horário nos ralos das pias do japão. A patagônia fica ao norte do polo sul. A groenlândia fica ao sul do sul do sul da patagônia. O mundo é redondo. Um país ao leste pode estar a oeste se você for pelo caminho mais comprido. Os carrinhos de aeroporto no brasil são empurrados, como os carrinhos de bebê e os de supermercado. Os carrinhos de aeroporto dos estados unidos são puxados. Os chineses e os yanomamis e os tailandeses e os ticuna e os bororo e os vietnamitas têm os olhos puxados. Os relógios da suíça têm um ponteiro maior que o outro, como os outros. As bússolas de marrocos têm um ponteiro, como as outras, só. A terra do fogo é fria. A areia do saara é como a areia da praia, mas fica longe do mar. O mar cerca todos os lugares. O saara fica longe de qualquer lugar. As cidades crescem mas os continentes continuam do mesmo tamanho; crescem na maré baixa e encolhem na maré cheia. A guiana francesa fica longe da frança. A áfrica do sul é na áfrica. O equador fica no meio do mapa. O hawai fica no meio do mar.

Se não tem
coisa algu-
ma nem coi-
sa nenhuma
pra fumar
não fuma.

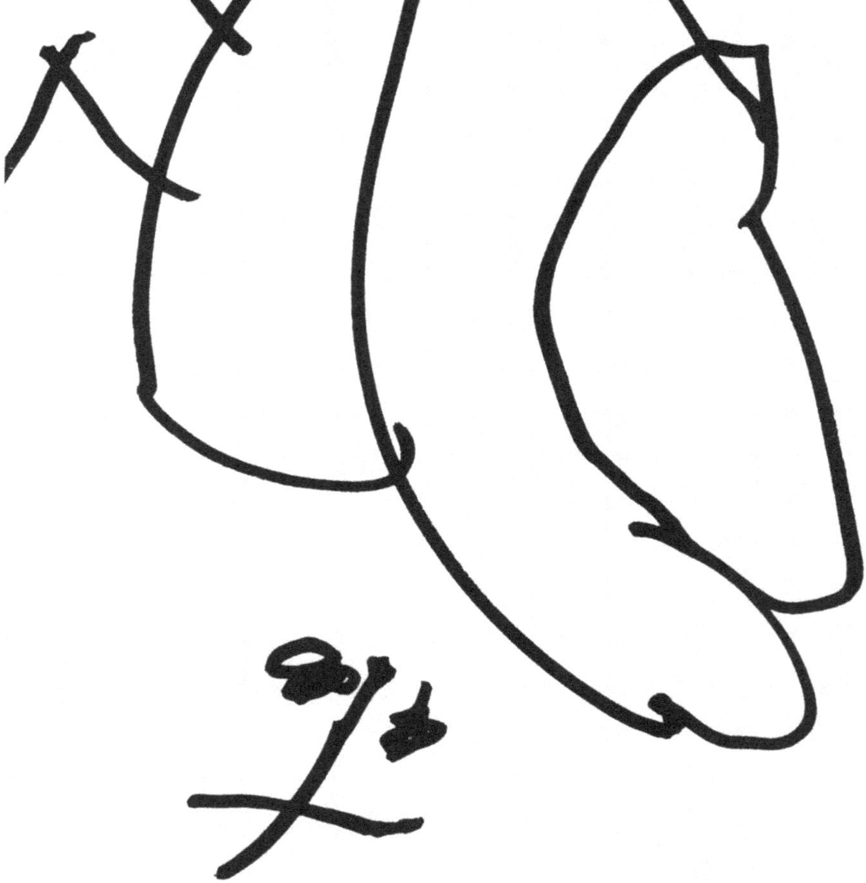

As coisas têm peso, massa, volume, tamanho, tempo, forma, cor, posição, textura, duração, densidade, cheiro, valor, consistência, profundidade, contorno, temperatura, função, aparência, preço, destino, idade, sentido. As coisas não têm paz.

O que (se) foi é(s)ido.

SOBRE O AUTOR

Arnaldo Antunes nasceu em São Paulo, em 1960.
Integrou o grupo *Titãs*, com o qual gravou sete discos.
Em carreira solo desde 1992, lançou os discos ***Nome*** (também em DVD, com animações em parceria com Célia Catunda, Kiko Mistrorigo e Zaba Moreau), ***Ninguém***, ***O silêncio***, ***Um som***, ***O corpo*** (trilha para dança), ***Paradeiro***, ***saiba***, ***qualquer***, ***ao vivo no estúdio*** (também em DVD), ***Iê iê iê*** e ***Ao vivo lá em casa***, além de ***Tribalistas*** (com Marisa Monte e Carlinhos Brown) e ***Pequeno cidadão*** (com Edgard Scandurra, Taciana Barros e Antonio Pinto).
Tem vários livros publicados no Brasil, entre eles ***Psia*** (Expressão, 1986; Iluminuras, 1991), ***Tudos*** (Iluminuras, 1990), ***As coisas*** (Iluminuras, 1992, prêmio Jabuti de poesia), ***2 ou + corpos no mesmo espaço*** (Perspectiva, 1997), ***40 escritos*** (ensaios, organização de João Bandeira, Iluminuras, 2000), ***Palavra desordem*** (Iluminuras, 2002), ***ET eu tu*** (com imagens de Márcia Xavier, Cosac Naif, 2003, prêmio Jabuti de projeto gráfico), ***Como é que chama o nome disso*** (antologia, Publifolha, 2006) e ***Melhores poemas*** (antologia, seleção e introdução de Noemi Jaffe, Global, 2010).
Na Espanha publicou ***Doble duplo*** (tradução de Ivan Larraguibel, Zona de Obras/ Tangará, 2000) e, em Portugal, ***Antologia*** (Quasi, 2006).
Participou de diversas mostras de artes e de poesia visual, entre elas, ***Transfutur, visuelle poesie***, Kassel, Alemanha (1990); ***p0es1e, digitale dichtkunst***, Munique, Alemanha (1992); ***Dentro Brasil***, Long Beach Museum of Art, CA, EUA (1995); ***VI Bienal de Havana***, Cuba (1997); ***XXIV Bienal Internacional de São Paulo***, São Paulo (1998); ***II Bienal de Artes Visuais do Mercosul***, Porto Alegre (1999).
Realizou, entre outras, as exposições individuais ***Palavra desordem***, instalação no Espaço Labirintho, Porto, Portugal (2001); ***Cérebro sexo***, galeria Portinari, Fundación Centro de Estudos Brasileiros, Buenos Aires, Argentina (2002); ***Escrita à mão***, caligrafias, no Centro Maria Antonia, São Paulo, e na galeria Laura Marsiaj, Rio de Janeiro (2003); ***Palavra imagem***, na galeria Bolsa de Arte, em Porto Alegre, RS (2005); ***Arnaldo Antunes***, galeria Laura Marsiaj, Rio de Janeiro (2008); e ***Ler vendo movendo***, Paço da Liberdade, SESC PR, Curitiba (2009).

A *Iluminuras* dedica suas publicações à memória de sua sócia Beatriz Costa [1957-2020] e a de seu pai Alcides Jorge Costa [1925-2016].